O que é o Amor

FOTOGRAFIAS DE LAURA STRAUS

EDITORA RECORD
RIO DE JANEIRO • SÃO PAULO

CIP-BRASIL. CATALOGAÇÃO-NA-FONTE
SINDICATO NACIONAL DOS EDITORES DE LIVROS, RJ.

Straus, Laura
S892o   O que é o amor/[fotografias] Laura, Straus; tradução Sérgio Machado. –
Rio de Janeiro; Record, 2002
    64p. : il. ;

    Tradução de: What love is
    ISBN: 85-01-06504-8

    1. Amor – Obras ilustradas. I. Título.

02-0874

CDD – 177.7
CDU – 177.6

Título original norte-americano
WHAT LOVE IS

Copyright © 2000 by Armand Eisen
Fotografias © 2000 by Laura Straus, NY

Todos os direitos reservados. Proibida a reprodução,
no todo ou em parte, através de quaisquer meios.

Direitos exclusivos de publicação em língua portuguesa para o Brasil adquiridos pela
DISTRIBUIDORA RECORD DE SERVIÇOS DE IMPRENSA S.A.
Rua Argentina, 171 — 290921-380 — Tel.: 2585-2000
que se reserva a propriedade literária desta tradução

Impresso no Brasil
ISBN: 85-01-06504-8
PEDIDOS PELO REEMBOLSO POSTAL
Caixa Postal 23.052 - Rio de Janeiro, RJ — 20922-970

Impressão e acabamento: Quebecor World São Paulo

prefácio

Eu abordei este projeto com uma enorme ansiedade. O que é o Amor, afinal? Como eu poderia encontrá-lo e capturá-lo em minhas lentes? Felizmente, o Amor se revelou em múltiplas formas. Lá estava ele, nas novas sensações vividas por Kristin e Matt, em seus rostos e em suas mãos. O Amor estava presente no casamento de Diana e Steve, que fugiram para brincar juntos depois da cerimônia. Estava nos olhares de Abigail e Marco, belo e radiante, enquanto trocavam seus votos naquela tarde de verão. E o Amor pôde ser encontrado, também, em parcerias mais antigas, como na misteriosa e complicada relação de Jack e Harriet ao aproximarem-se um do outro, e brincarem com o meu coração. Esta riqueza de espírito, às vezes apaixonado, às vezes cauteloso, é que tornou possível a busca por algo tão frágil, intangível e indescritível.

Foi uma honra aprender com estes amigos, amantes, estas pessoas corajosas que se abriram para nos ensinar o que é o Amor. Eu gostaria de agradecer a Ariel Books, especificamente a Sue Carnahan e Armand Eisen, que tornaram este livro possível. Minha eterna gratidão à Jackie Decter e Judith Dupré pelo encorajamento e ajuda. Sobretudo, quero agradecer a todos os participantes que me ensinaram a procurar e ver os sinais, pois eles estão por toda parte.

—Laura Straus

O que é o amor

o riso

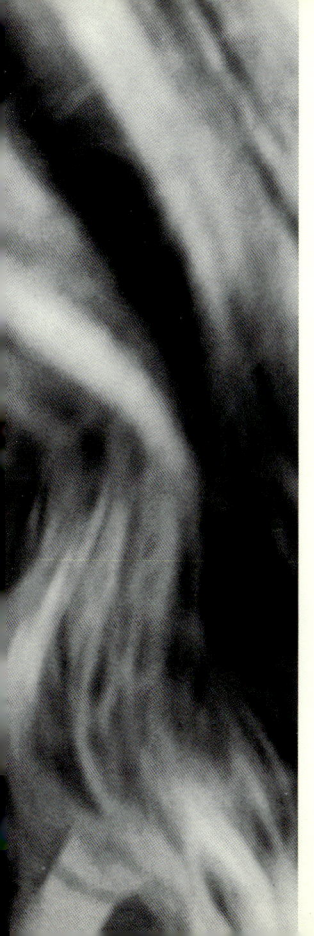

honesto

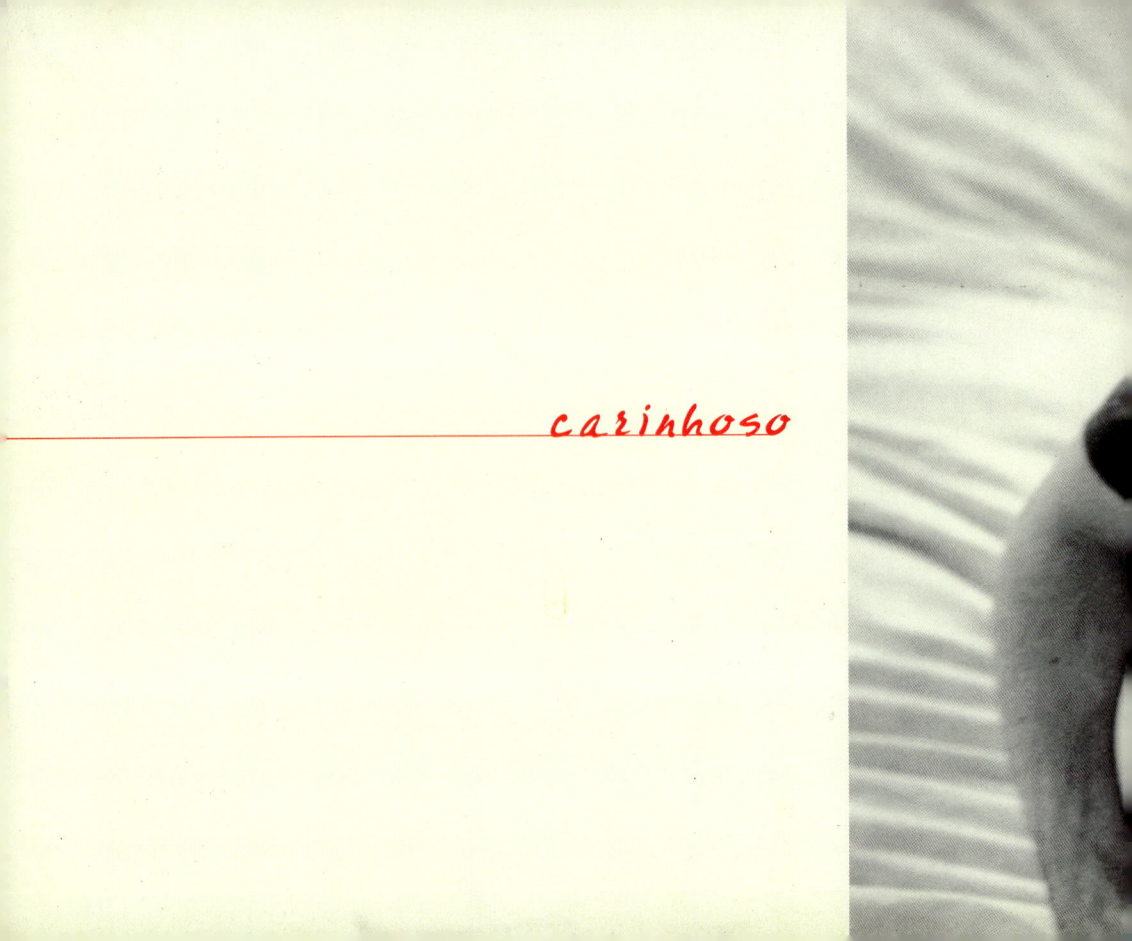

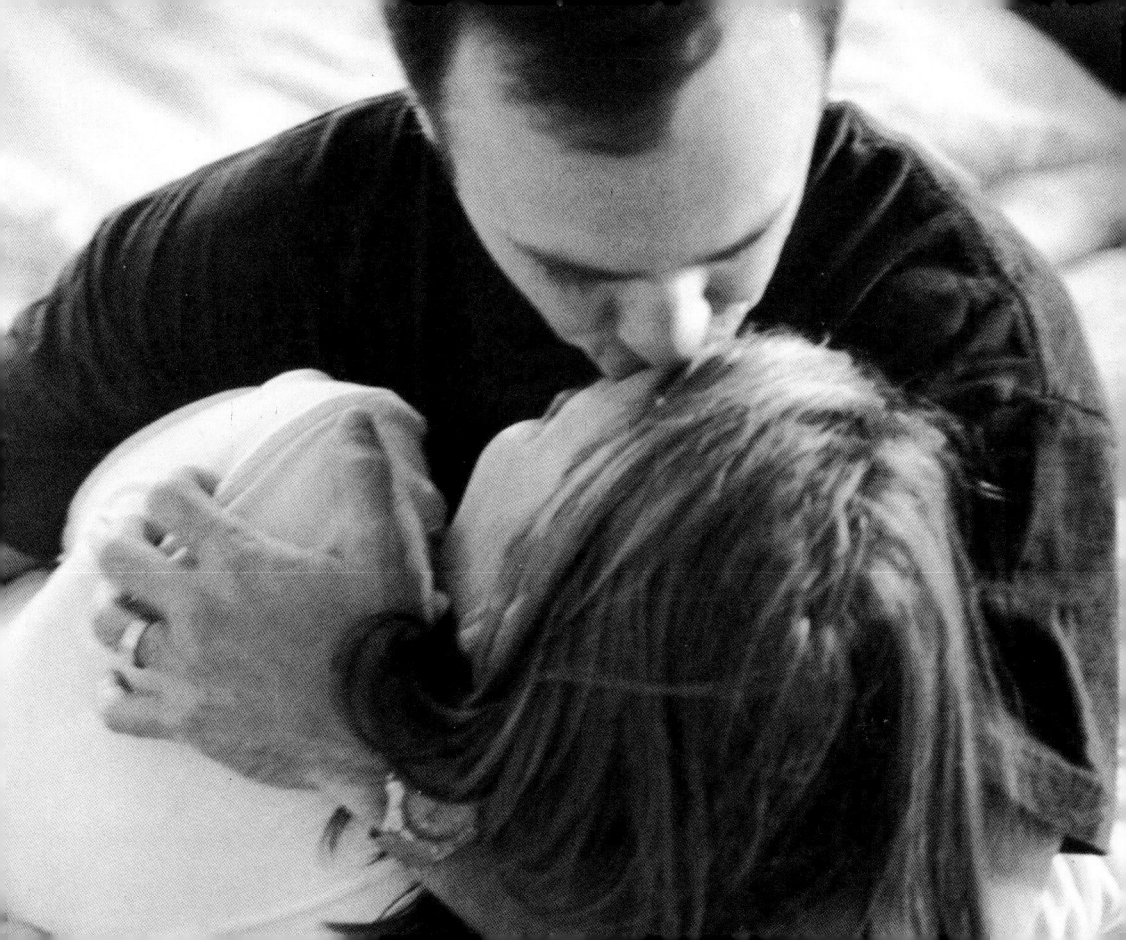

pura alegria!

compromisso
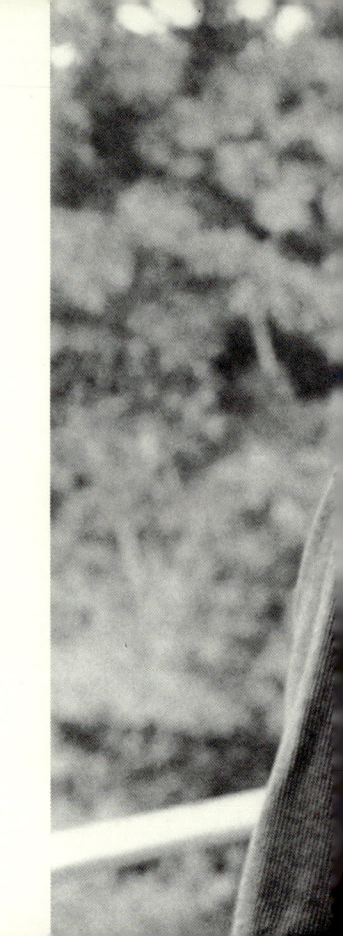

*existir
para o outro*

para sempre

uma sensação

apaixonado

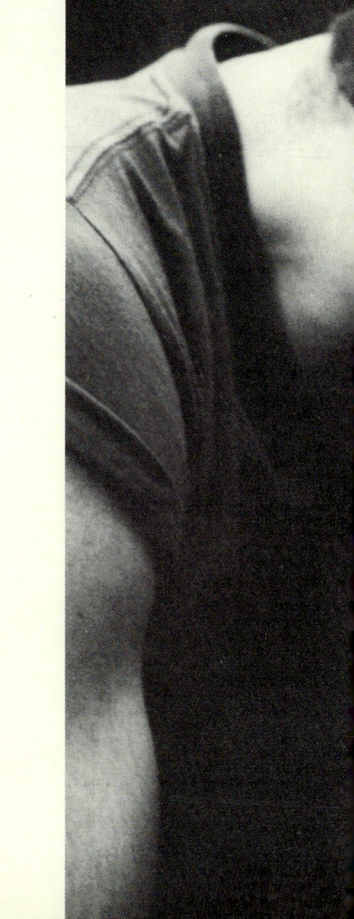

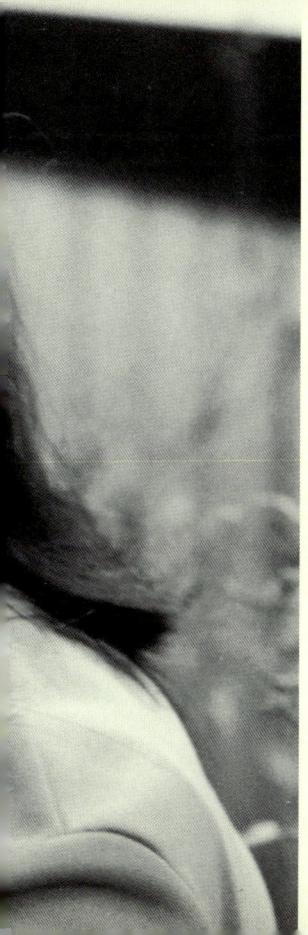

perdoar

construir uma vida juntos

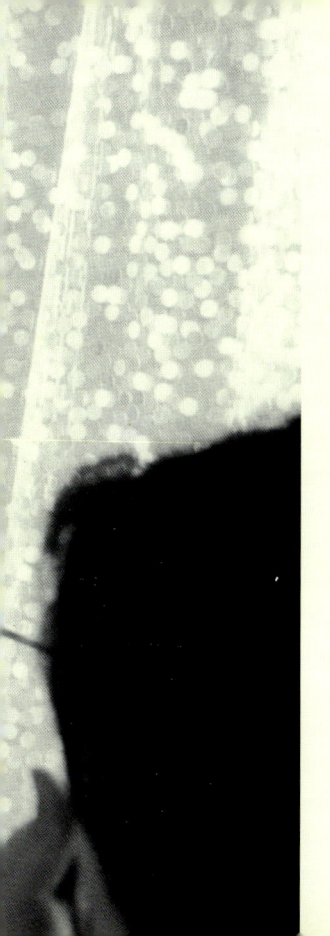

dividir espaço

um momento roubado

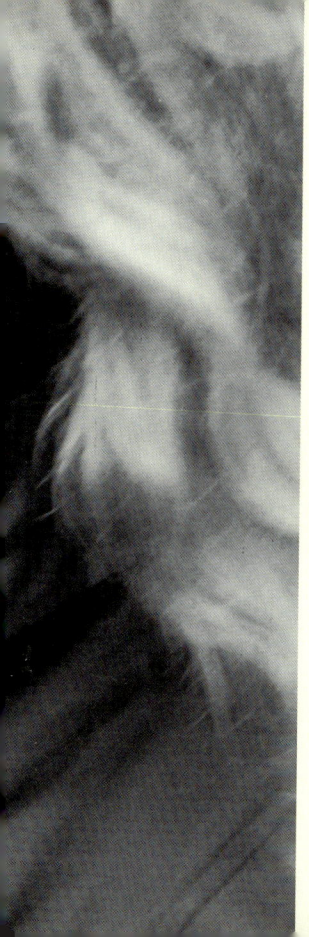

divertir-se juntos

a intimidade

o encontro

espontâneo

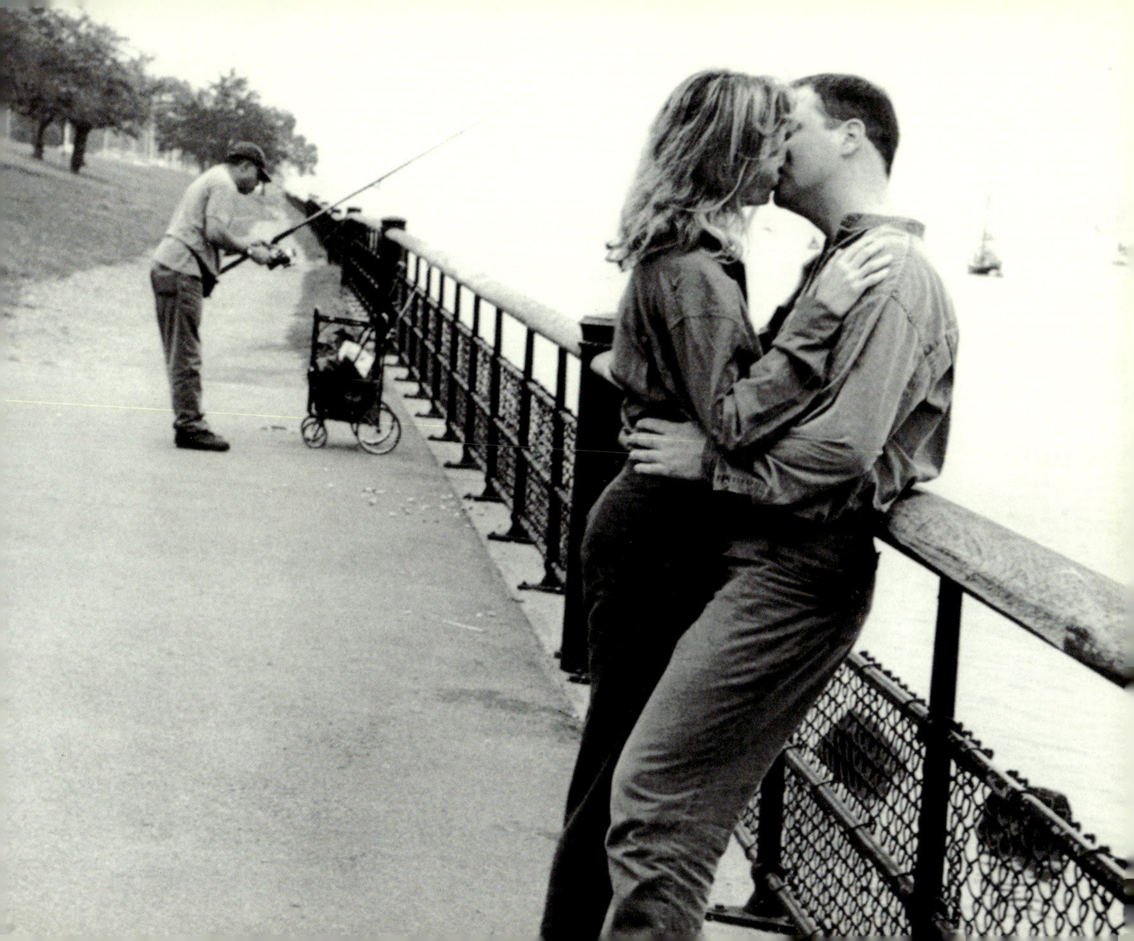

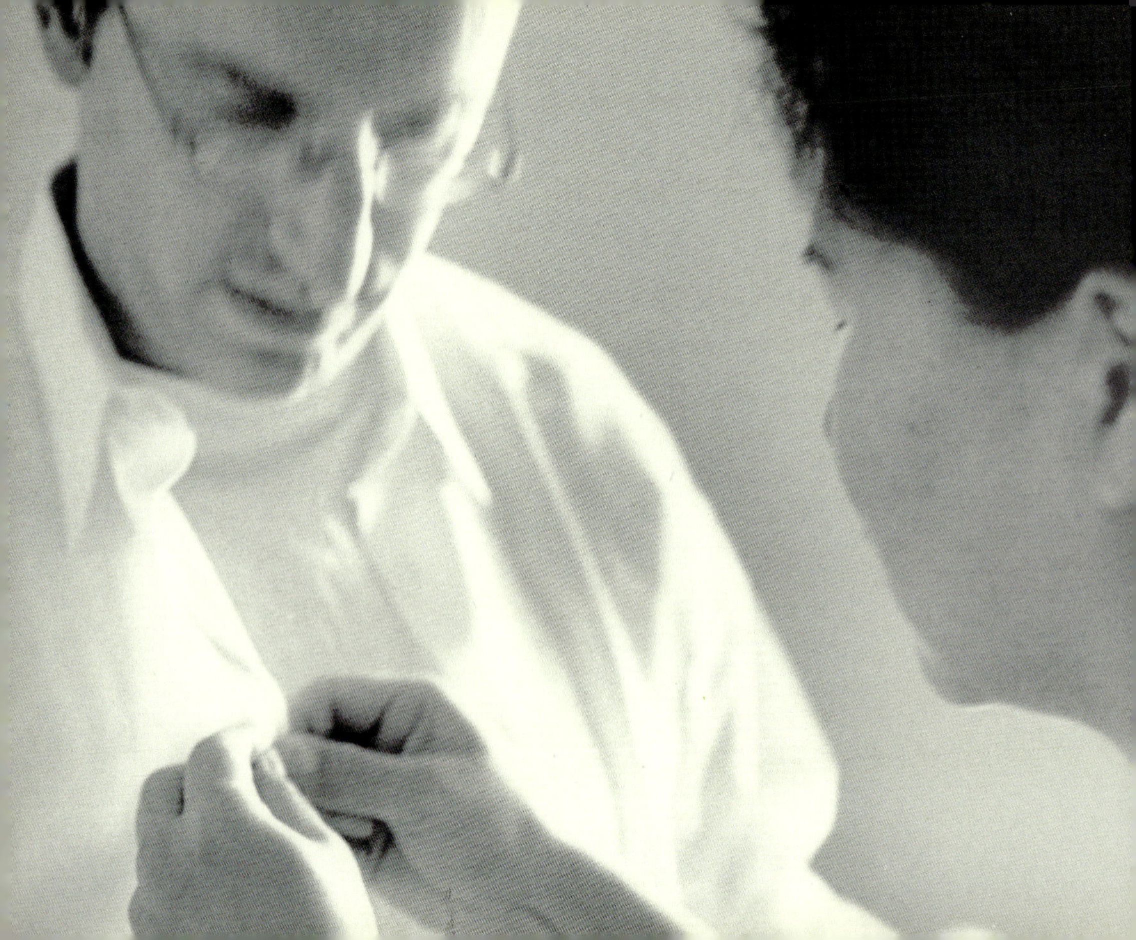

os detalhes

segurança

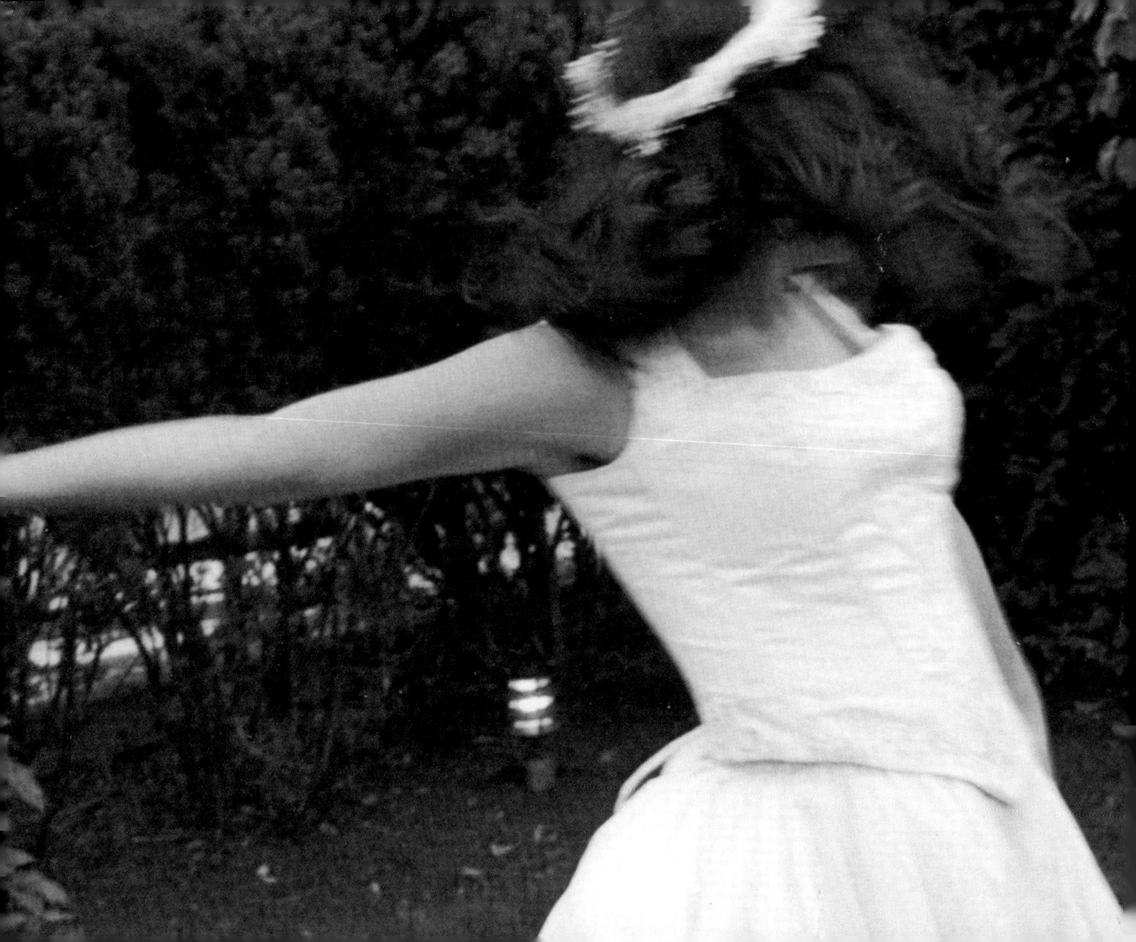

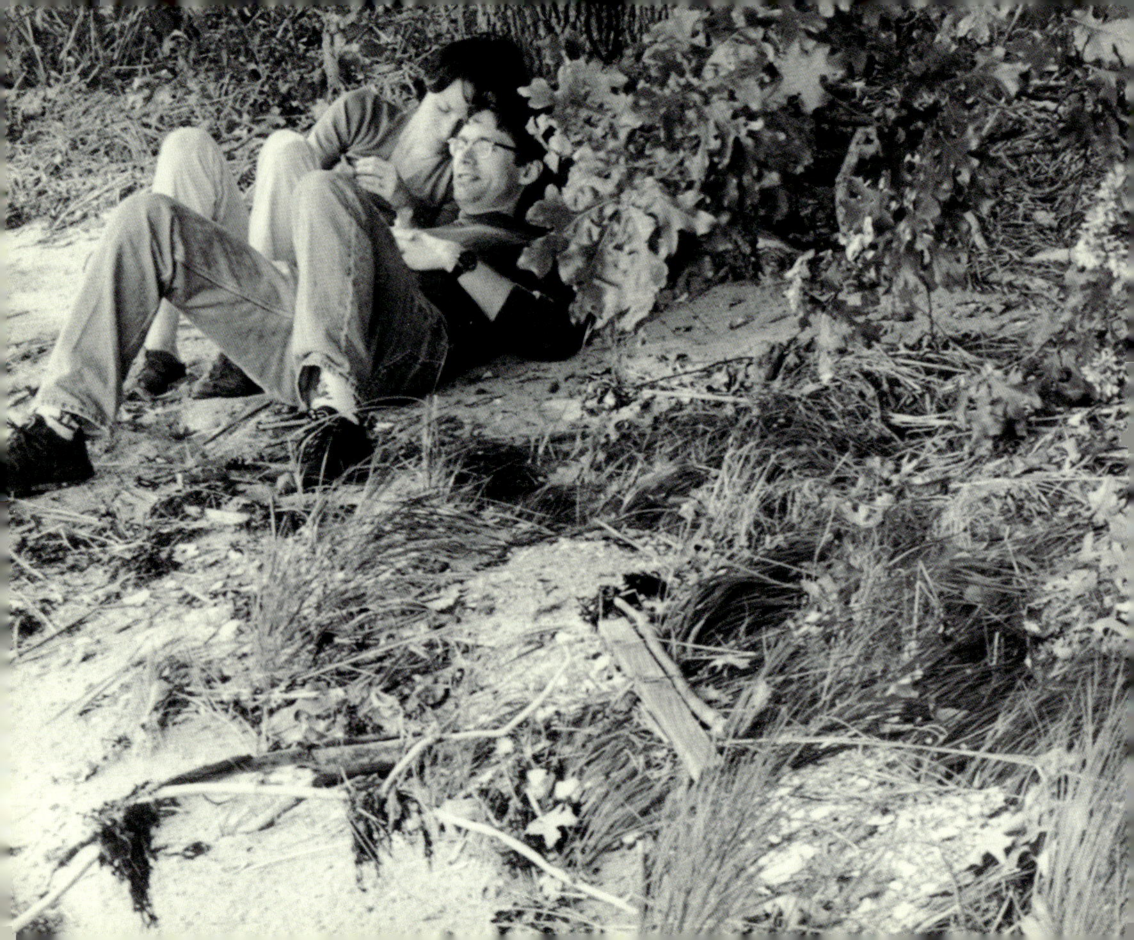

paciência

força

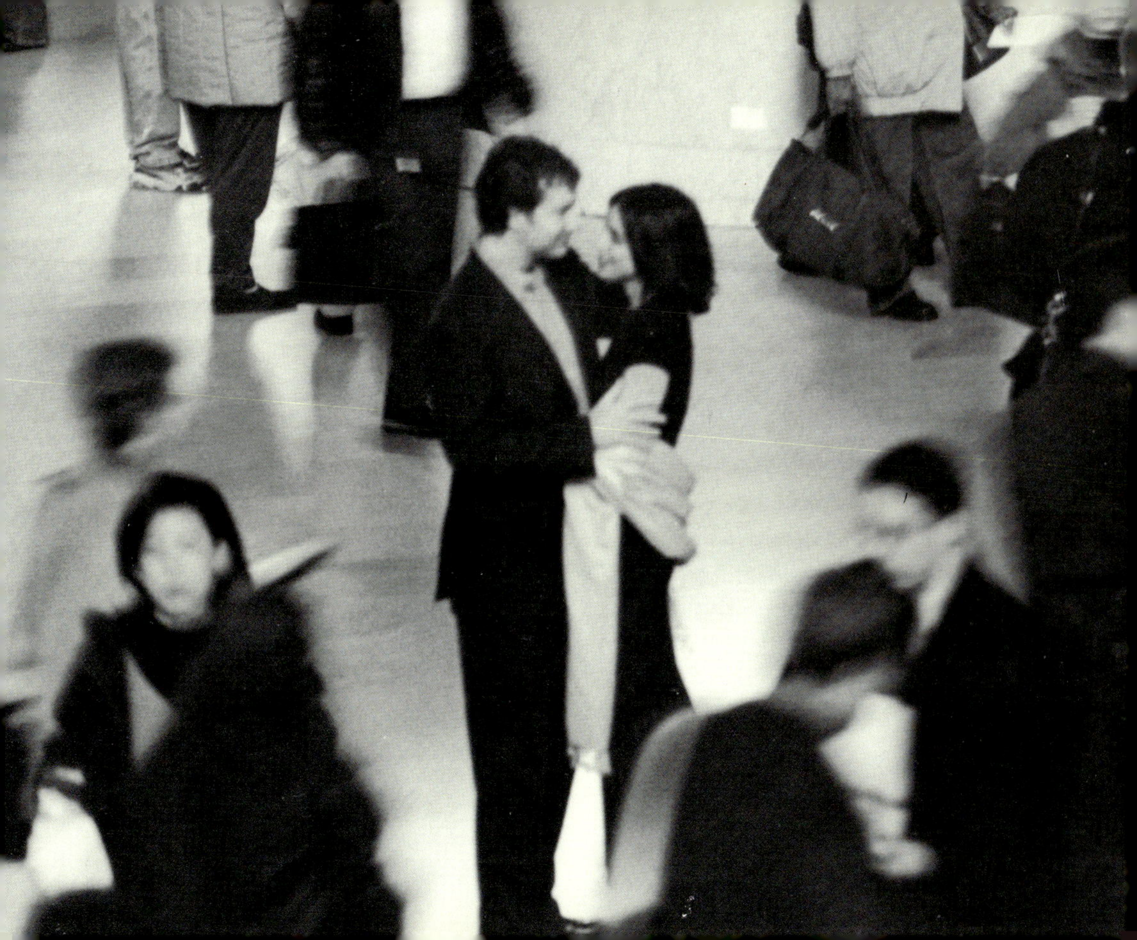

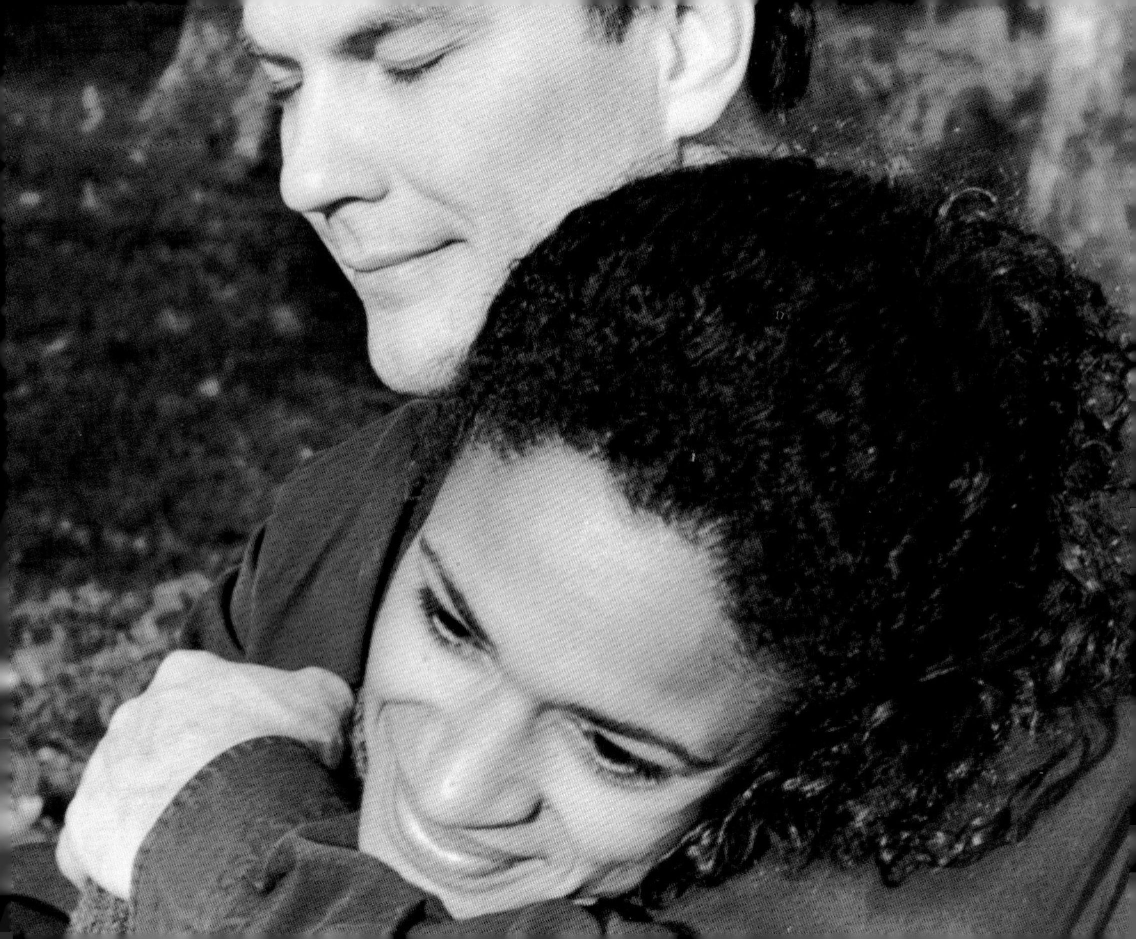

carinho

divertido

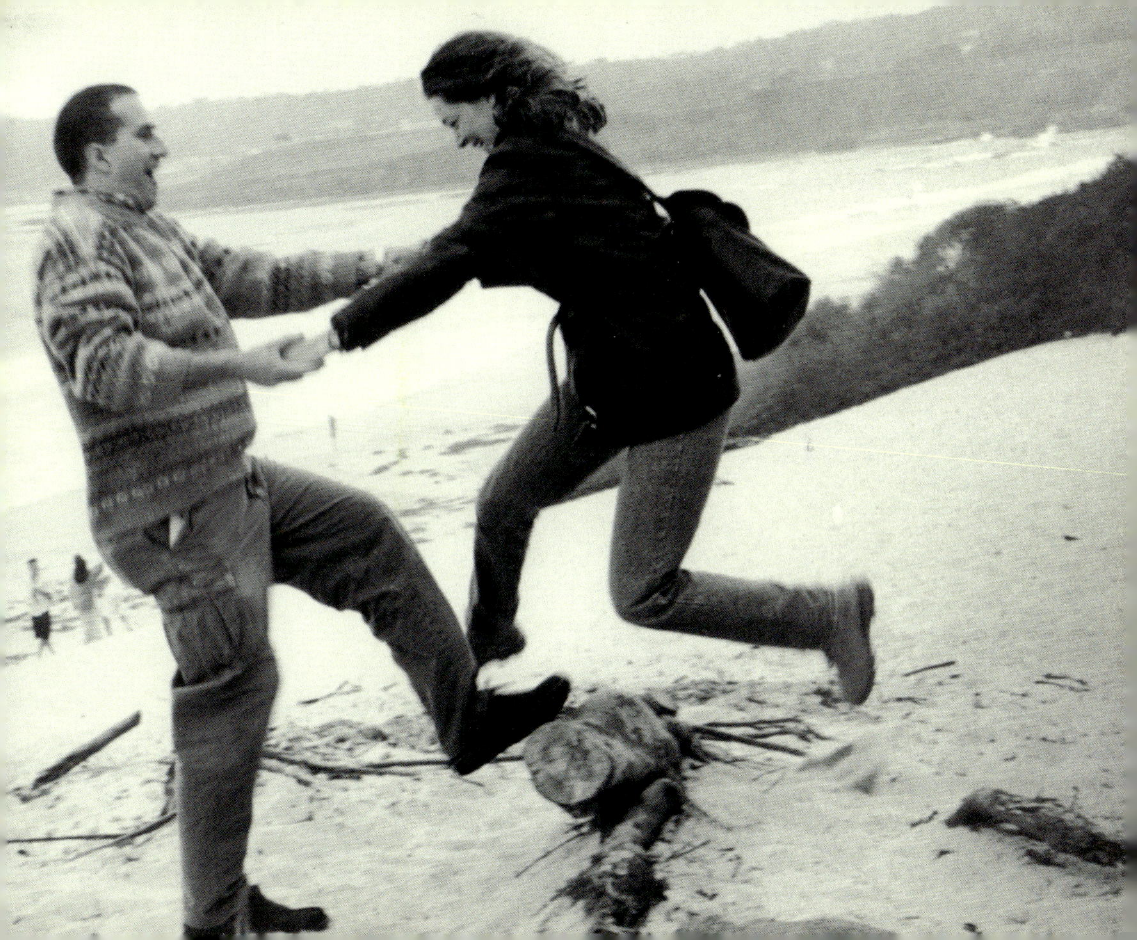

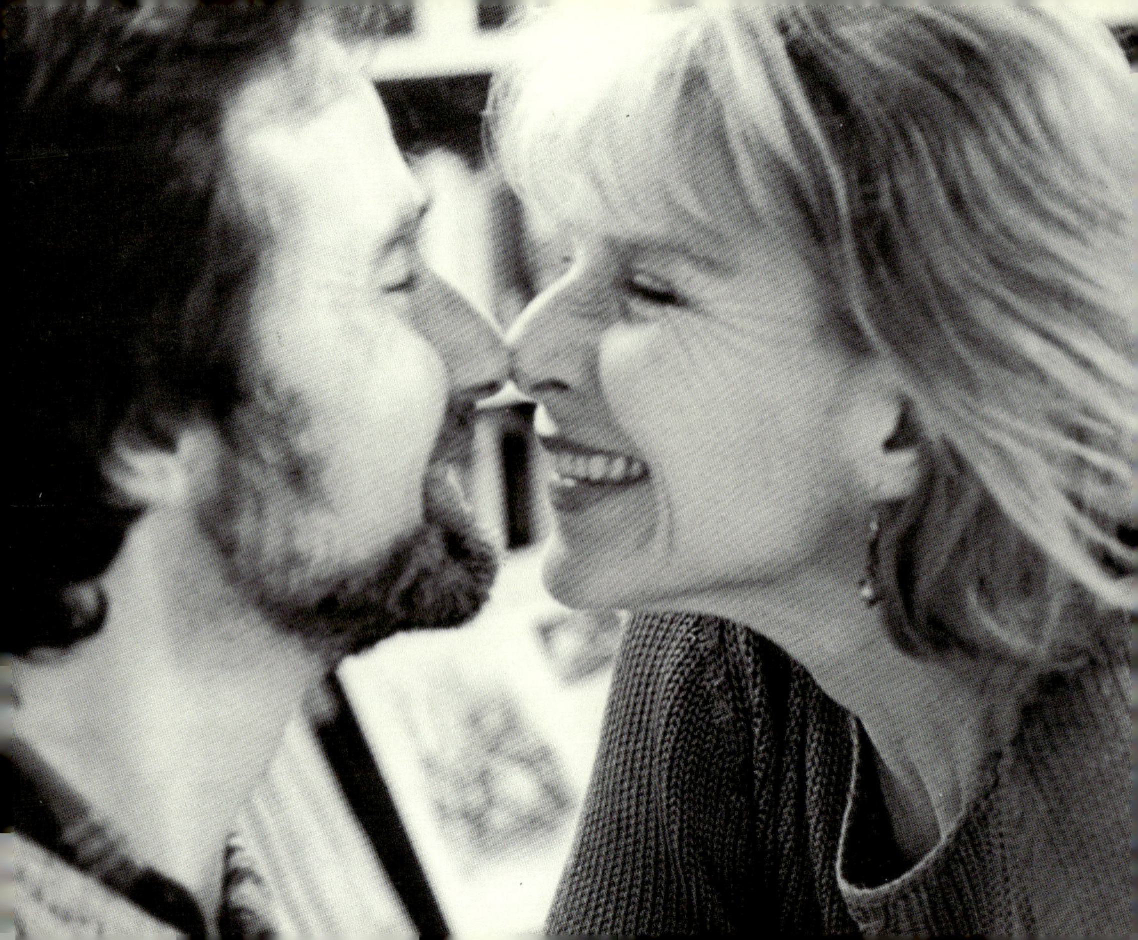

generoso!

uma celebração!

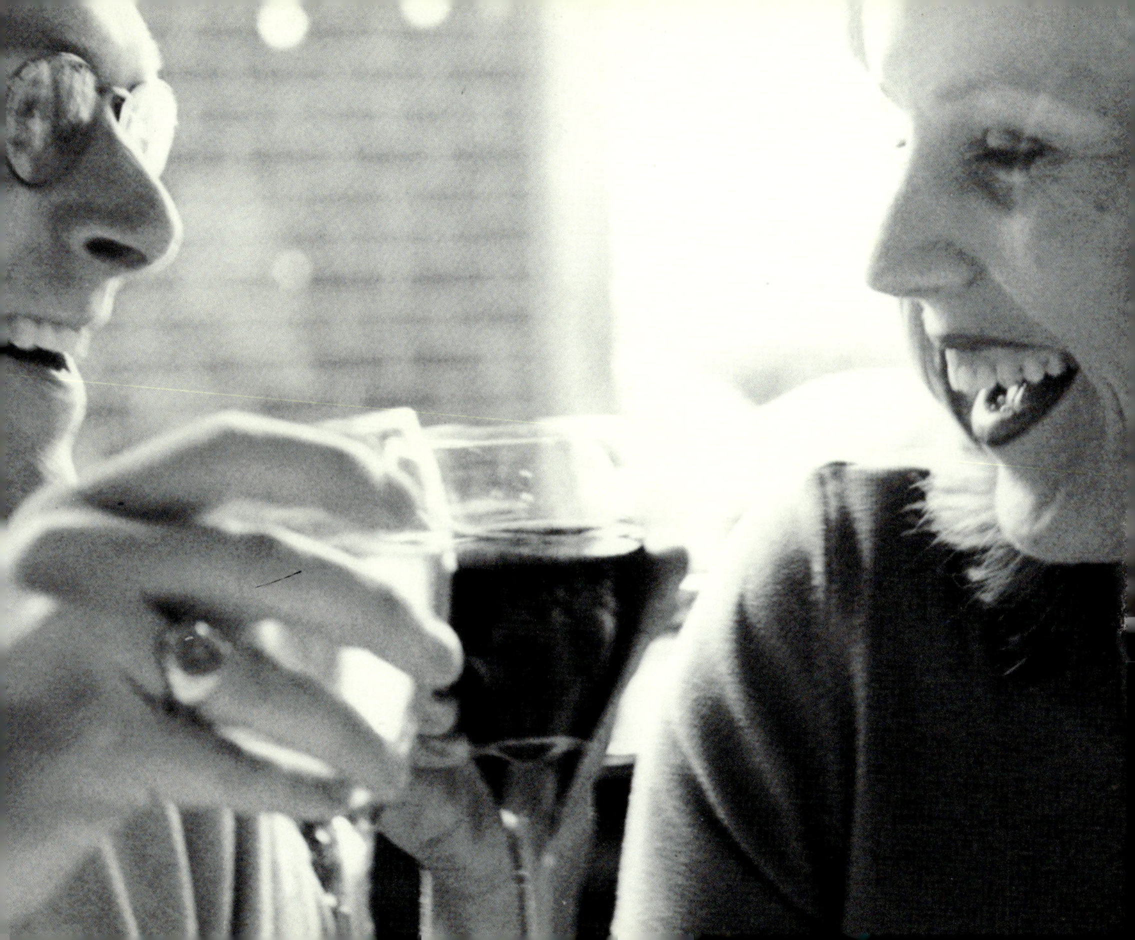

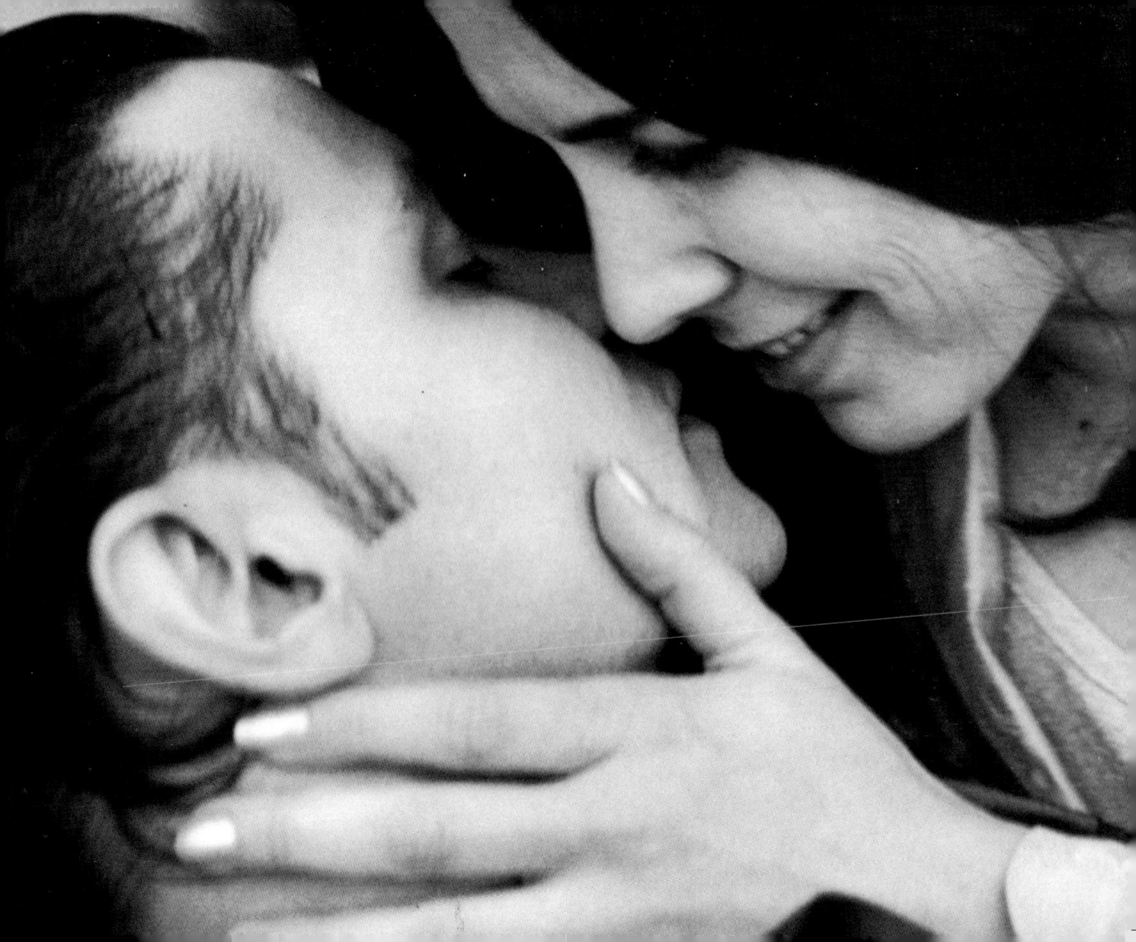

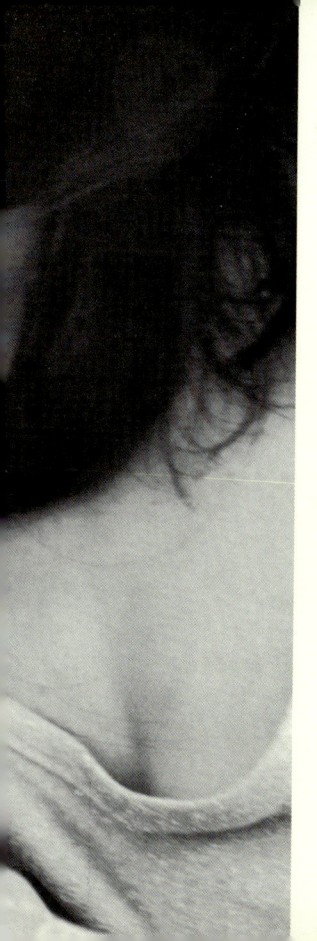

a antecipação!

olhar o futuro

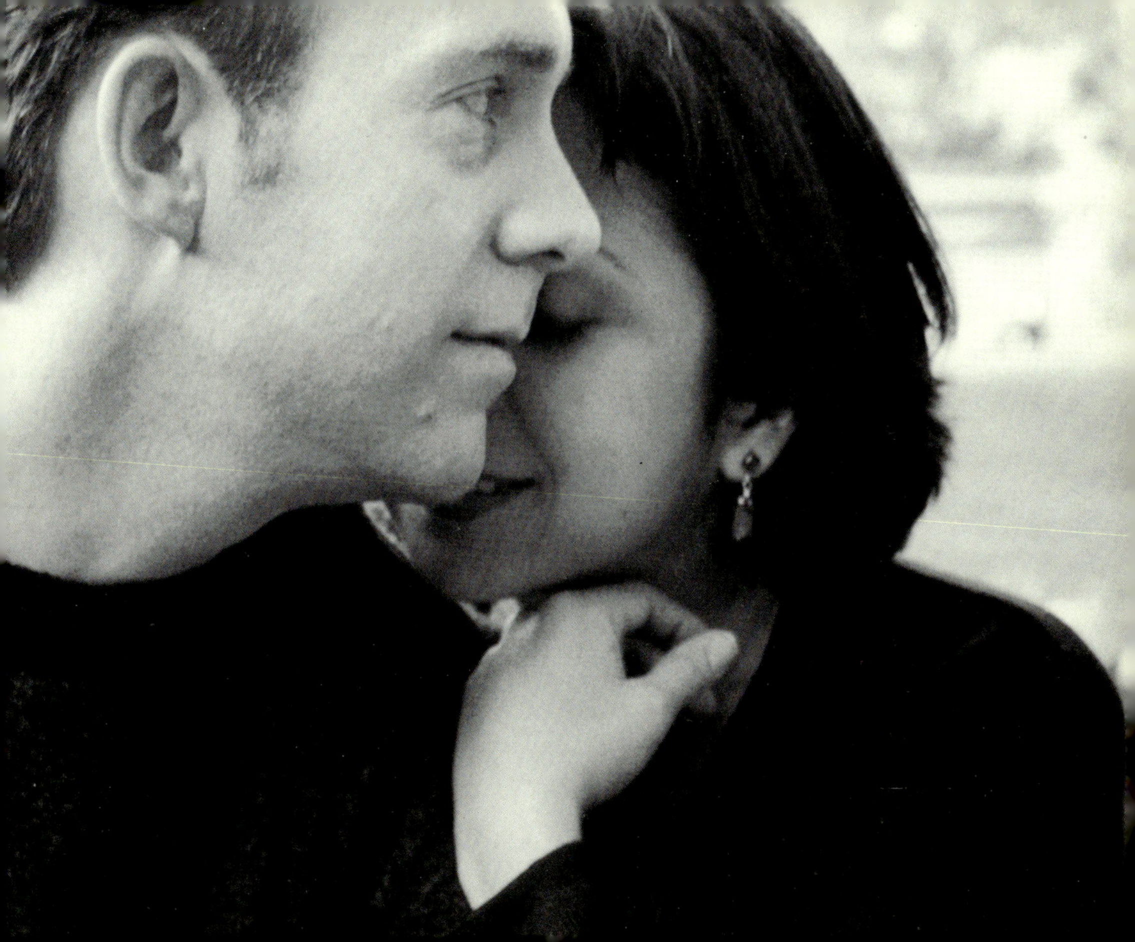

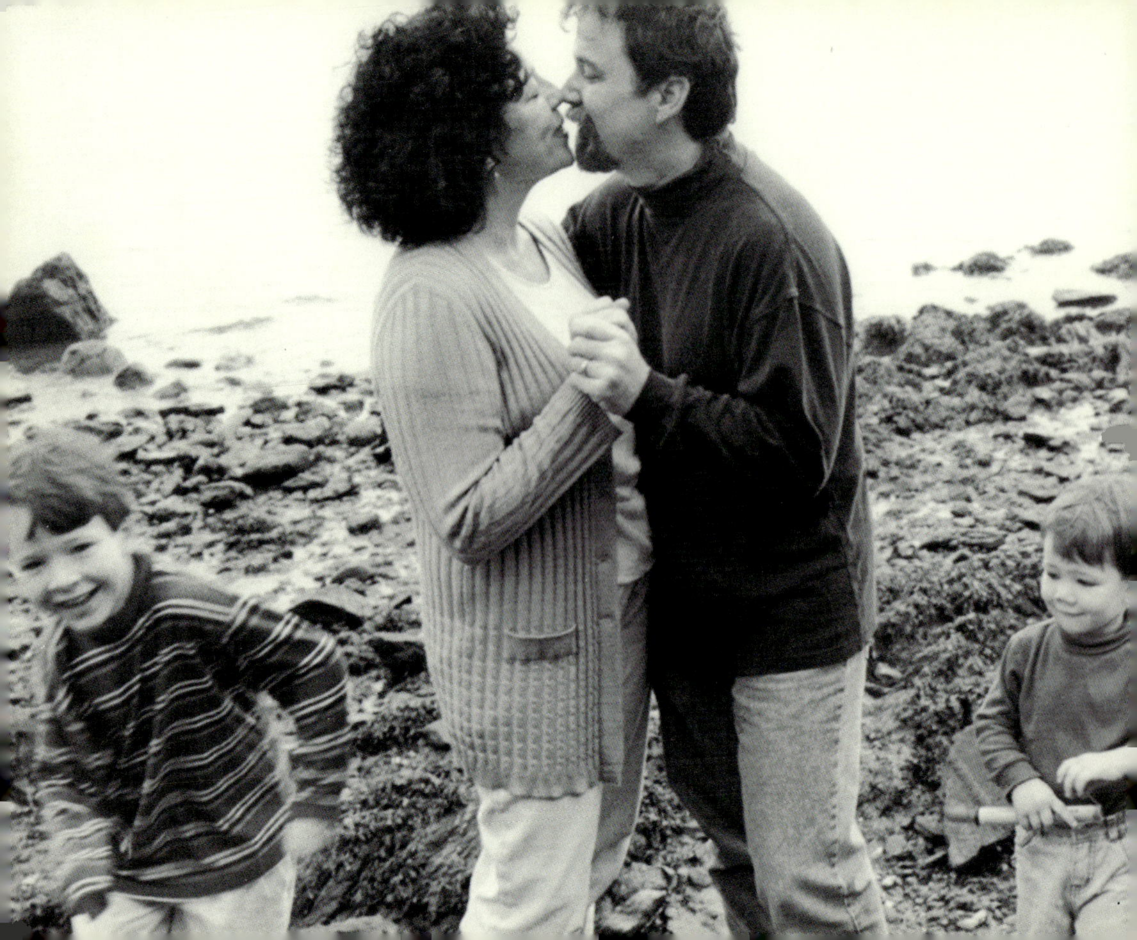

relazado

um passeio

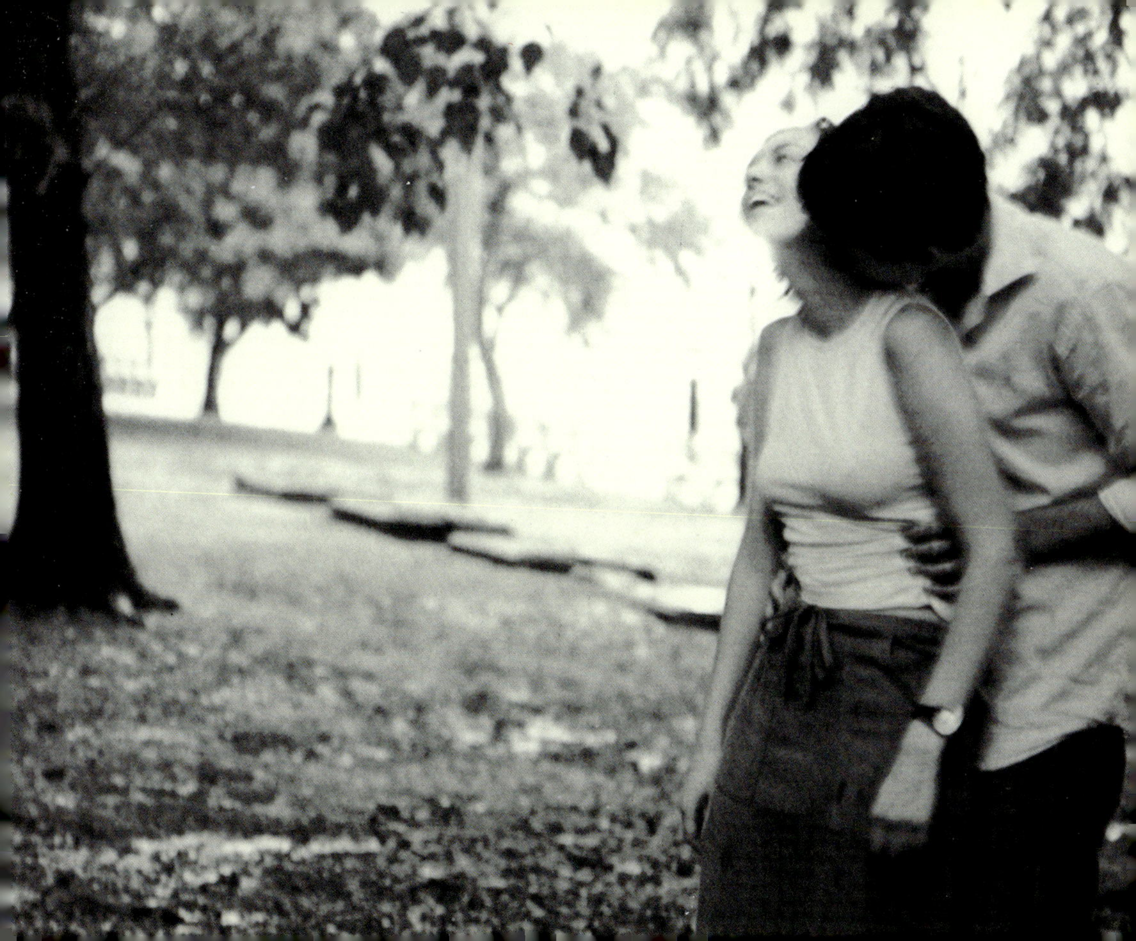

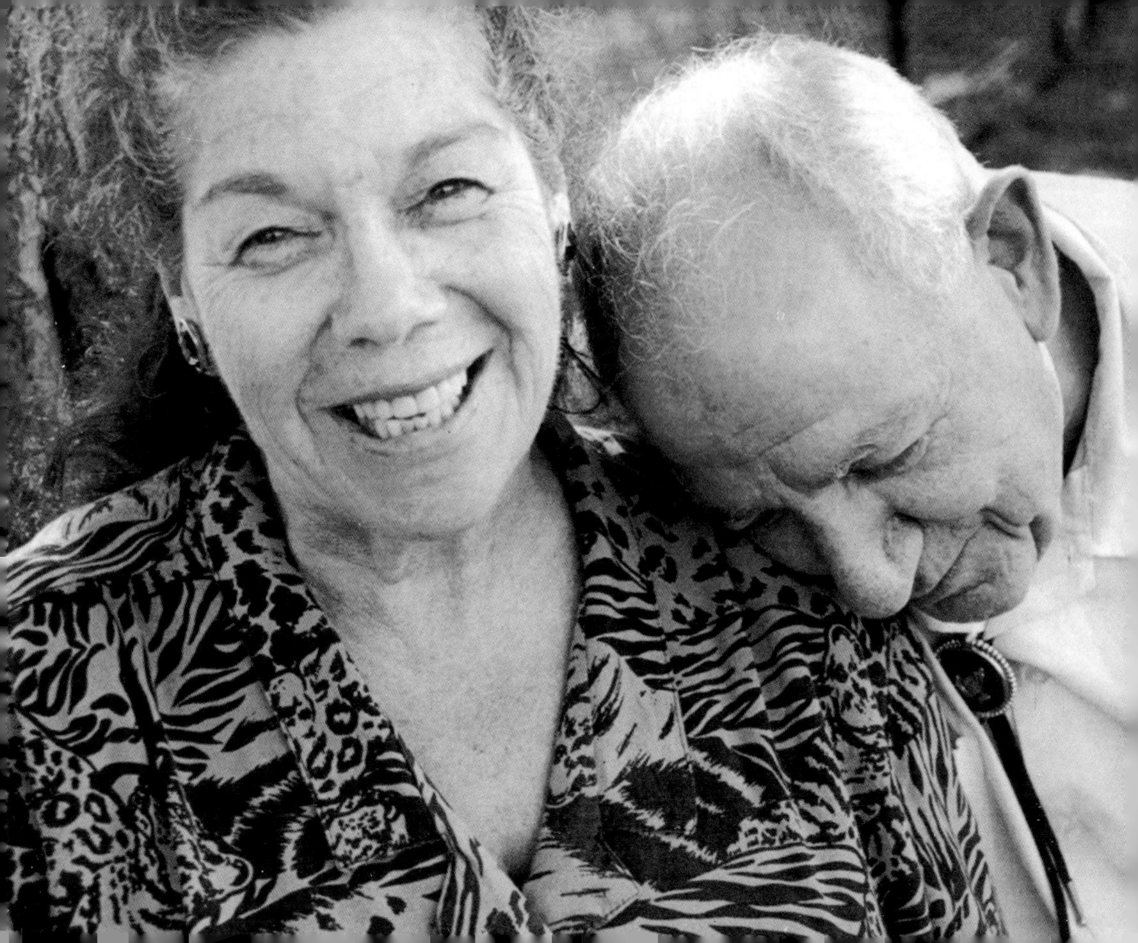

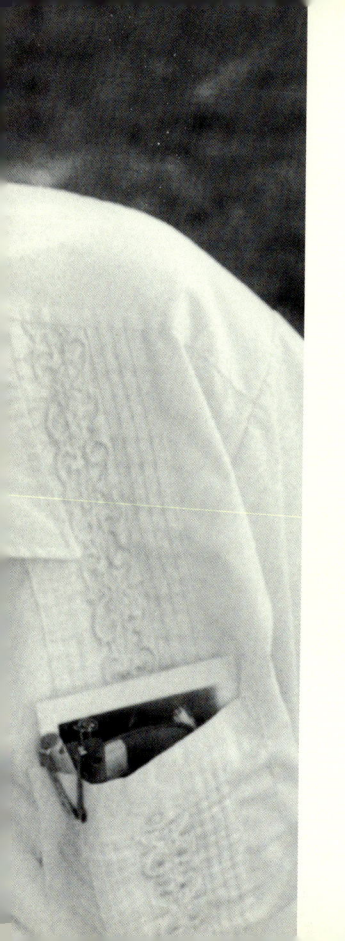

para sempre!

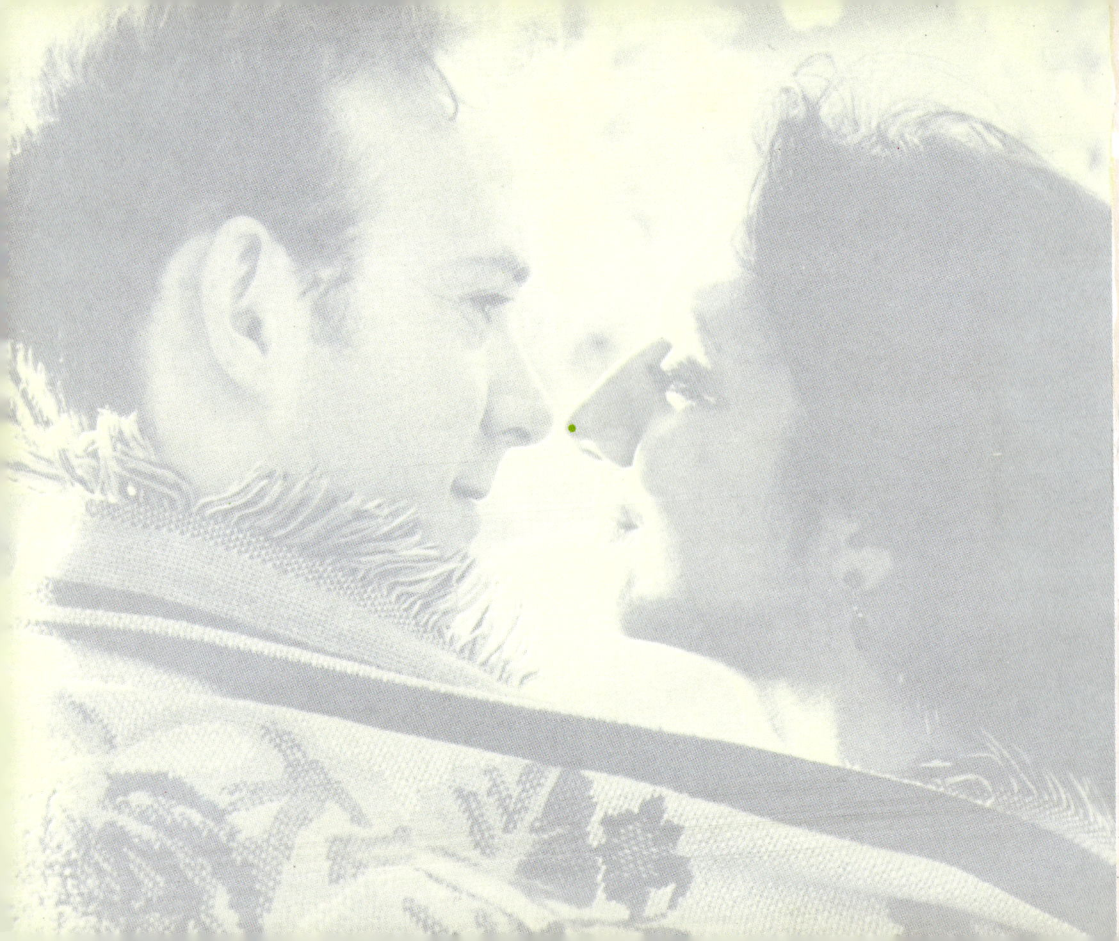

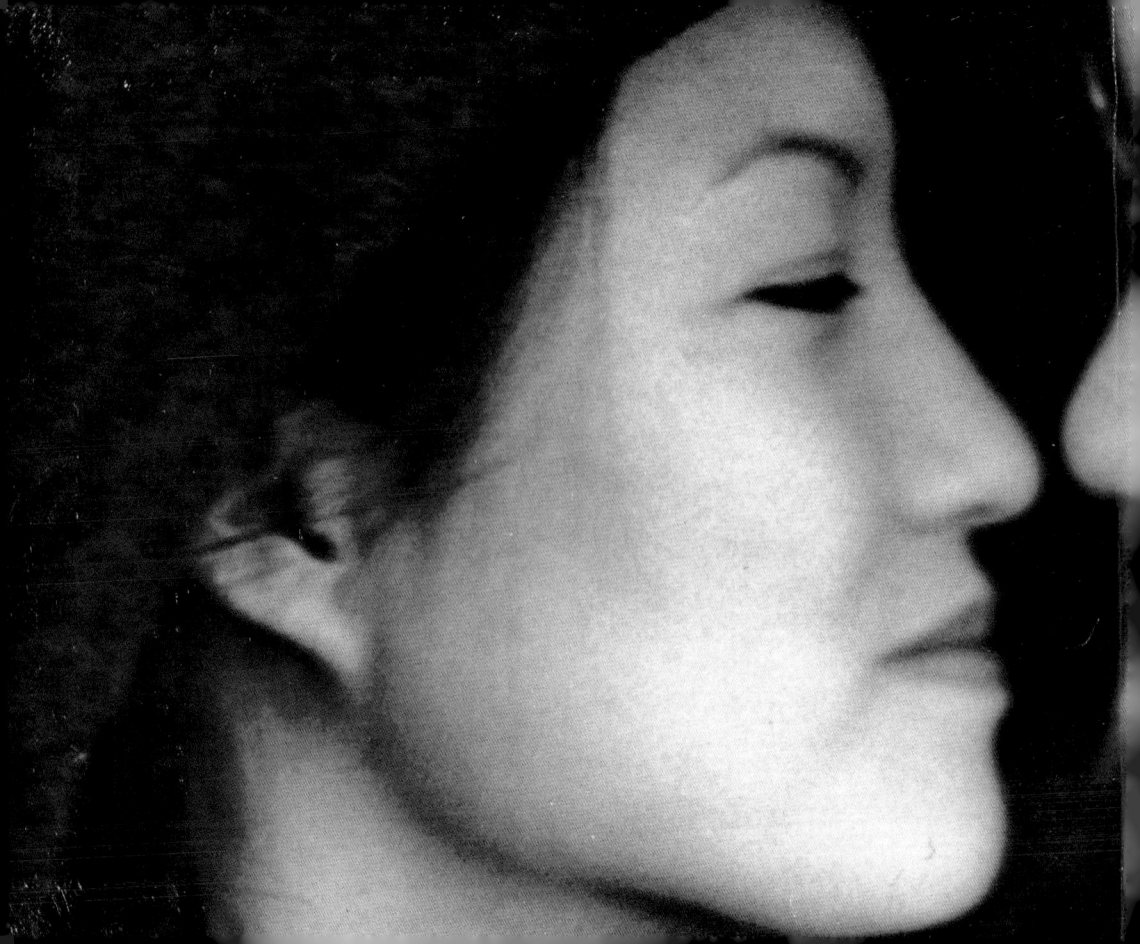